GENTY MAGRE

BIOGRAPHIE

DE M.

A. DUPORTAL

RÉDACTEUR EN CHEF DE *l'Emancipation.*

Prix : 50 centimes.

TOULOUSE

IMPRIMERIE GÉNÉRALE PAUL SAVY

Allées Louis-Napoléon, 10 bis.

—

1869

ARMAND DUPORTAL

/'homme dont nous allons esquisser l'his-
re n'est pas de ceux qui font de la politi-
: pour arriver aux honneurs et se créent,
flattant tour-à-tour les tyrans et les peu-
s, une source de bien-être et de prospé-
é.

es palinodies lui sont inconnues.

l a pour les rénégats et les courtisans un
pris souverain.

Humble soldat de la pensée, défenseur ardent des libertés proscrites, depuis bientôt quarante ans il monte sa garde aux avant-postes avec le désintéressement et le courage qui conviennent aux nobles et généreuses passions.

Lancé dans la tourmente des idées, il a vu souvent le malheur frapper à sa porte, et jamais, dans ses rêves, la fée bienfaisante des contes n'est venue le bercer de consolantes compensations.

Il a connu les sombres et poignants ennuis de la prison, les douleurs lentes et cruelles de l'exil; il a pleuré sur sa patrie asservie, sur sa famille dispersée par les coups du sort.

Mais dans ces alternatives désolantes, au milieu de ces événements presque toujours adverses son courage n'a pas été un seul instant abattu et son cœur a conservé ses illusions avec la haine des oppresseurs et l'amour profond du droit et de la République.

— 5 —

I.

M. Armand Duportal est né à Toulouse le
7 février 1814, deux mois avant cette fameuse
bataille qui ensanglanta nos murs et fut, pour
Napoléon Ier, le commencement de ce glas fu-
nèbre qui devait éclater plus fort encore à
Waterloo et l'accompagner sur le rocher de
Sainte-Hélène comme pour lui montrer que
tôt ou tard la justice des temps frappe les vio-
lateurs de la loi.

Placé à l'âge de douze ans au Lycée de Toulouse, il s'y distingua par un travail opiniâ-
tre, un avancement rapide dans les classes, et
aussi, disons-le, par un grand esprit d'indé-
pendance.

Fortement ému des vertus civiques dont
l'antiquité nous donne souvent l'exemple, li-
vrant sa tête et son cœur à l'étude approfon-
die des anciennes Républiques, faisant son
profit de l'histoire, il apprit de bonne heure
à admirer Brutus, à n'avoir qu'un profond
dégoût pour les jeux de cirque, à mépriser
César.

MM. Mignet, Thiers et Armand Carrel rédigeaient alors le *National* ; grâce à la complaisance d'un élève externe, quelques-uns de nos lycéens purent prendre un abonnement collectif à ce journal, et participer par sa lecture à ce grand courant d'opposition qui devait amener plus tard les journées de juillet 1830.

M. Duportal était élève de rhétorique sous le professorat de l'excellent M. Sauvage quand Charles X prit le chemin de l'exil.

Désormais, un nouvel élan est donné ; tout change dans les salles d'étude ; on y discute librement et longuement les classiques et les romantiques ; le club de la division *des grands* est vite organisé, et il va sans dire que le jeune républicain s'y trouve, de tous les affiliés, l'orateur le plus fougueux et le plus indomptable.

Prédestiné à la résistance, il commence par s'insurger contre les tentatives timides d'organisation militaire qu'on essayait d'introduire dans les lycées, et avec lui, tout le club *des grands*.

L'affaire devint peu à peu plus sérieuse.

Une insurrection se déclara pendant une promenade des élèves, qui se retirèrent dans les environs de Toulouse et y campèrent pendant deux jours : une véritable retraite sur le mont Aventin !

Après un long conciliabule, il fut décidé par les bonnets carrés du lieu que la division entière serait licenciée.

C'est ainsi que le proscrit de décembre débuta dans la vie en provoquant une mesure disciplinaire qui lui interdisait pendant deux ans l'admission aux examens du baccalauréat.

II.

Il ne prit pas grand souci de la chose, car il se destinait à l'Ecole polytechnique et le diplôme de bachelier n'était pas encore exigible pour l'admission.

Notre jeune étudiant livré à lui-même, se mit donc courageusement à l'œuvre. Il revit les auteurs latins et français, bouquina à tort et à travers comme un amant sincère des belles lettres, collabora au *Patriote de juillet*, au *Gascon*, à la *Patrie*, au *Mécène*, se mêla à toutes les spéculations intellectuelles du moment, fréquenta les réunions publiques avec des amis qui depuis ont fait leur chemin dans le monde politique et littéraire sous les noms de Frédéric Thomas, Alphonse Gent, Madier de Montjau, etc., etc.; mais s'occupa fort peu de sciences exactes dont il aurait eu grand besoin.

Par l'initiative de Raspail, Kersausie, Godefroy Cavaignac et autres patriotes en renom, une vaste société secrète étendait sur la France ses ramifications infinies. Il ne tarda pas à y être associé sous le n° 4 (section des niveleurs), et n'en fut dégagé qu'après l'affaire du cloître St-Méry.

C'est alors que sa famille crut opérer une diversion salutaire en l'enfermant à Paris dans une école préparatoire.

L'horizon ne faisait au contraire que s'étendre davantage aux yeux du jeune révolutionnaire et lui permettait de s'associer de plus près aux progrès de réforme rêvés par ceux dont il devait plus tard continuer l'œuvre.

Il fit aussi bon marché de l'école préparatoire que des mathématiques pour don-

r un libre cours à ses goûts artistiques.
Dans la journée, il assistait aux leçons des
ofesseurs illustres, des maîtres de l'élo-
ience, ou bien visitait les Musées et se li-
ait tout entier au culte du beau ; le soir, il
rapprochait instinctivement de nos grands
uvenirs révolutionnaires, croyait voir sur
place de la Bastille, le peuple au 14 juillet
'89, portant les premiers coups à la sinistre
ison pour en délivrer les victimes ; ou bien
allait, ombre errante, se perdre dans le mi-
au du Champ-de-Mars et faire passer par la
ensée, devant ses yeux, ces fêtes sublimes de
fédération qui semblaient, au dire des histo-
ens, comme le prélude de la fraternité des
uples.

Impatient d'affirmer son indépenpance,
tigué de ne pas se suffire à lui-même, il
vint à Toulouse dans ce double but. se
aria et entra dans l'administration du canal
u Midi.

III.

La révolution de 1848 préparée par les ban-
uets réformistes, vint confirmer ses plus chè-

res espérances et récompenser le zèle qu'il avait montré dans la propagande des idées avancées. Il applaudit à la proclamation de la République, abandonna ses fonctions dans l'administration du canal, se plaça dans les rangs de la démocratie militante, et vînt mettre au service de l'*Emancipation* dirigée alors par Isidore Janot, sa plume convaincue et son enthousiasme.

L'action incessante qui caractérisait l'*Emancipation* dans ses polémiques s'était un peu détendue depuis le départ de Ribeyrolles.

Le ~~nouveau~~ rédacteur donna à cette feuille une impulsion nouvelle en abordant franchement les questions sociales à l'ordre du jour.

Pendant quatre ans que dura la période républicaine nous le trouvons sans cesse sur la brèche, traitant avec la même facilité et la même éloquence de la politique extérieure et de l'avénement définitif au pouvoir des classes ouvrières ; exposant les intérêts locaux, attaquant vigoureusement les préjugés philosophiques et religieux ; bannissant l'empirisme

fa jsant justice par l'ironie mordante ou
élan passionné du tribun des intrigants qui
naient alors souples et rampants, caresser
liberté naissante pour mieux ensuite la fou-
r aux pieds.

Voyant parfois les écarts d'action et de
incipes se succéder dans l'esprit de ceux qu'il
nsidérait comme des coreligionnaires, il se
rda bien de les toujours approuver systé-
atiquement et de ne se pas faire parfois, le
spensateur du blàme à l'adresse de ceux qui
méritaient.

C'est pourquoi, en juin 1848, il se déclara,
vertement pour l'insurrection contre le pou-
ir exécutif, plus tard pour Proudhon contre
s économistes, et en septembre 1851 pour la
roposition des questeurs contre la Monta-
ne.

IV.

Après l'élection présidentielle, quand la
action eût définitivement triomphé, les con-
mnations ne furent pas épargnées à la
esse.

Chaque mois amenait un nouveau procès.

Il va ~~s'en~~ dire que M. Armand Duportal ne fut pas des derniers frappés. Son attitude ferme, son opposition énergique le désignaient d'avance aux ambitieux alors égarés dans le temple de la justice. Plusieurs fois il fut condamné à la prison. Mais ils ne savaient pas pas ceux qui le frappaient, combien ses convictions étaient fortes et de quelle nature il était doué pour supporter les persécutions.

Voici d'ailleurs comme il s'en expliquait lui-même à ses juges dans le numéro de l'*Emancipation*, du 25 juillet 1851.

« On obtient contre nous des condamnations exorbitantes, et il faut encore que les agents chargés de leur exécution, prefets et procureurs généraux, en augmentent la gravité par la partialité, l'arbitraire et tous les moyens désespérés qu'inspire le génie des discordes civiles aux gouvernements frappes de vertige et marqués du sceau de la décadence.

» Imprudents, que les vicissitudes des dernières années n'ont pas éclairés sur le néant des grandeurs politiques ! Qu'espérez-vous de ces colères? Où nous conduisez-vous avec vos revanches de pygmées sur les triomphes jusqu'à ce jour éphémères du géant ? Vous vous croisez les bras et vous vous posez en triomphateurs quand vous avez fait cadenacer no-

e plume sous les verroux de vos mille ca-
hots ! nous avons de la santé pour vingt ans
e prison, de l'encre et du cœur pour vingt
as de journalisme. »

Dignes paroles confirmées par le temps puis-
ue nous le retrouvons aujourd'hui servant les
êmes dieux, défendant les mêmes principes
ec une fermeté qui a souvent fait pâlir ses
dversaires.

V.

Le département de la Haute-Garonne avait
a 1851 l'insigne honneur de posséder un pré-
t à poigne, comme on dit aujourd'hui, un
réfet modèle pour les aventures césariennes
t les hardis coups de main. Le journal qui
ombattait la politique de l'Elysée était pour
i la bête noire, la tête de turc sur laquelle il
ssayait son zèle administratif Il faut dire aussi
ue la feuille républicaine le lui rendait bien
t qu'elle ne négligeait aucune occasion pour
e lui prouver.
Ce préfet habile s'appelait Maupas. Il est au-
urd'hui sénateur.
M. Armand Duportal avait dû se constituer

prisonnier pour purger une condamnation pour délit de presse.

Au lieu d'employer à son égard une déférence commandée par les situations, au lieu d'établir une distinction pour les peines corporelles en faveur des détenus politiques, M. Maupas fit jeter le vaillant journaliste dans le preau des condamnés et M. Duportal, confondu avec les voleurs, passa un mois dans ce cloaque, lui, l'honnêteté incarnée, coudoyant toutes les plaies, toutes les laideurs que la société vomit dans les maisons de détention.

On s'indigna de ces procédés étranges, de ces guerres mesquines contre des adversaires d'une loyauté éprouvée, d'un talent incontestable.

Dans la presse plusieurs voix s'élevèrent pour flétrir tout ce qu'avait d'odieux la conduite du préfet Maupas.

Voici en quels termes M. Frédéric Thomas, avocat du barreau de Paris et président de la société des gens de lettres, qui rédigeait alors un journal dans le département du Tarn parle de ce fait :

L'*Emancipation* nous apporte une dou-
euse nouvelle. M. Armand Duportal, notre
en collaborateur du *Gascon* et de la *Pa-*
a été écroué à la maison d'arrêt de Tou-
e pour faire un mois de prison auquel il a
condamné en qualité de rédacteur de l'*E-*
icipation.
Ce que la monarchie de juillet n'avait ja-
s osé faire, le préfet de Toulouse l'a fait
tre ce jeune écrivain. On ne lui a pas per-
d'avoir une chambre particulière, et il lui
interdit de recevoir ni livres ni jour-
x.
En d'autres termes, on enlève brutale-
t à notre ami, avec la l berté, ses moyens
istence et on le force à vivre en commun
e les voleurs.
Il était difficile à la réaction de frapper un
noble cœur, un publiciste plus distingué
n athlete plus infatigable de la démocra-
Nous pouvons dire tout cela. la modestie
otre confrère n'en saurait rougir. Il lui
léfendu de nous lire. »

. Maupas quitta bientôt l'hôtel de la pré-
ure pour aller prêter son concours au
p d'Etat en qualité du préfet de police.

a contre révolution triomphait.

VI.

rléanistes et légimistes conspiraient con-
la république, tendaient la main aux amis

du prince-président pour l'exploitation du spectre rouge dans les campagnes.

On faisait de la révolution un épouvantai en permanence et on allait jusqu'à prédire pou l'année 1852, une nouvelle édition des massa-cres de septembre si les honnètes gens ne s groupaient autour du grand parti de l'ordr qui cherchait depuis longtemps un homm providentiel.

Les prétendus massacres furent en effet de-vancés, et au 2 décembre la Constitution fu déchirée, la représentation nationale violée toutes les gloires de l'armée, de la tribune du barreau livrées aux valets de police e aux gendarmes, tous les hommes de résolu-tion et d'énergie, enfermés à Mazas dépor-tés ou conduits à la frontière.

Passons sur ces pénibles détails. ils appar-tiennent à l'histoire et l'histoire les jugera. Nous sommes encore trop près de ces événe-ments pour les apprécier avec profit, pour en tirer les conséquences nécessaires.

Peut-être même ne le ferions-nous pas au-jourd'hui sans quelque péril.

VII.

Quand la nouvelle du coup d'Etat arriva à
ulouse, les hommes influents du parti ré-
blicain se réunirent et chargèrent M. Du-
rtal de formuler une protestation qui, sous
plume résolue, devint un véritable appel
x armes.

Cette protestation sévère, énergique pro-
nçait la déchéance du prince président aux
mes de l'article 68 de la Constitution répu-
caine, et faisaient un appel à la résistance
plus vive.

Les ouvriers descendirent en grand nombre
s faubourgs, et des groupes nombreux se
mèrent sur la place du Capitole. Le 3 dé-
nbre à 3 heures de l'après-midi, le peuple
aya de forcer les portes de la mairie. C'est
e moment que parut, à cheval, le capitaine
rgemolles porteur des dépêches pour la
nicipalité. Plusieurs personnes saisirent
bride du cheval, qui se cabra. L'officier dé-
na précipitamment et piqua des deux vers
rue Lafayette.

Peu après les troupes occupèrent, rangées en bataille, les abords du Capitole.

M. Armand Duportal était à ce moment même dans la rue prêt à diriger le mouvement s'il avait pu se produire.

Il était trop tard.

La cavalerie débouchait de tous les côtés. Le peuple refoulé dans les rues voisines refusait de laisser le champ libre aux soldats. C'est alors que le général Reveux accompagné de M. le procureur général Dufrêne, et suivi d'un piquet de carabiniers, le pistolet au poing, fit les trois sommations d'usage en menaçant de la loi martiale tous ceux qui résisteraient à ses injonctions.

— Vive la République démocratique et sociale, nous répétions tous, vieillards, enfants et jeunes hommes, refoulés sur les trottoirs et culbutés par les soldats.

A six heures du soir, la police faisait irruption dans les bureaux de l'*Emancipation* et les citoyens Isidore Janot, Lucet, Paul Crubailhes et Armand Duportal étaient traînés en prison.

Le lendemain des arrestations en masse fu-

t opérées. Plus tard, de nombreux four-
s chargés de proscrits traversèrent la ville
c cet appareil lugubre qui précède tou-
rs et accompagne les *chaînes* de condam-
.

ls allaient, ces martyrs du droit, sur la
re étrangère, expier leur respect et leur
our pour les institutions républicaines.
 Toulouse une commission mixte fut or-
isée. Elle se composait du général Re-
x, du procureur-général Dufrène et du
fet Bret.
e ces trois hommes, qui décidèrent pen-
t quelque temps du sort des honnêtes
s, qui condamnèrent à la déportation sans
ement, sans procédure écrite, sans forma-
 judiciaire d'usage, le troisième est mort
ès avoir administré le département du
ône; le second vient de mourir conseiller à
 Cour de cassation; le premier, le général
veux réside encore à Toulouse.
l était conseiller municipal sous l'admi-
stration Campaigno.
l y a douze ans, le proscripteur et le pros-
t se trouvèrent en présence dans des cir-

constances qui méritent d'etre racontées

M. Duportal était à même d'abandonner u
logement qu'il occupait à Toulouse. Le premie
visiteur qui se présenta sur la foi de l'é ri
teau fut le général Reveux, sans prémédita
tion assurément. Comme ce dernier lorgnai
cherchait, furetait à droite, à gauche, sur le
meubles, partout, avec l'assurance d'un hom
me habitué aux grands commandements, i
avisa, accroché au mur, un tableau contenan
un manuscrit dont il eut la curiosité de dé
chiffrer le texte.

Il y lut ce qui suit :

PRÉFECTURE DE LA HAUTE-GARONNE.

Le préfet de la Haute-Garonne notifie au sieur Du
portal Armand que la Commission mixte départemen
tale a décidé qu'il serait transféré en Algérie, *class*
plus.

Toulouse, le 22 mars 1852.

Signé : BRET.

Plus loin cette pensée transcrite par M.
Duportal.

O justice politique! Revendeuse à faux poids! Qu'il
y a d'infamie sous le plateau de la balance!!! P. J.
PROUDHON.

Et plus loin encore :

La Commission mixte de la Haute-Garonne se com-
sait de :

    MM. Bret, préfet ;
    Dufrène, procureur général ;
    Général Reveux, commandant de la division.

On comprend que le général ne poussa pas
ıs loin sa visite dans la maison Grégori.

VIII.

En présence des événements accomplis, le
ti républicain à Toulouse se trouva dis-
sé par les mesures violentes du pouvoir.
utefois avant de se séparer, ceux qui
aient accepté courageusement d'en être les
tiateurs dans les circonstances que nous
ons de retracer éprouvèrent le besoin
donner à M. Duportal prêt à s'acheminer
s l'exil, un témoignage de leur estime et
leur sympathie. Une délibération fut prise
signée par les membres de la Commission
cercle démocratique.

ous en détachons les paragraphes qui sui-
t.

Attendu que le citoyen Duportal a plei-
ıent justifié les espérances qu'avaient fon-
s sur lui les actionnaires de la société du

cercle démocratique, qu'il a porté comme g
rant de l'*Emancipation* le drapeau du par
avec la fermeté d'un républicain sincère; qu
a exposé et défendu dans le journal les thé
ries politiques et sociales de la révoluti
avec l'autorité d'un incontestable talent d'
crivain; qu'il n'a cessé de signaler avec
conscience d'un honnête homme, sans re
cences ni faiblesses les tendances de la réa
tion ou l'arbitraire de ses agents jusqu'
jour où toutes les voix indépendantes
pays furent étouffées par la force;

» Attendu que cette initiave courageuse
persévérante du citoyen Duportal est la p
mière cause des persécutions administrati
et des rancunes politiques auxquelles il d
la ruine de sa position, ses nombreuses co
damnations judiciaires, et en dernier lieu
longue détention préventive et sa déportati
en Afrique; qu'au milieu de ces rudes épre
ves souffertes pour la cause il a autant h
noré le parti par la dignité de son caracté
qu'il l'avait utilement servi par ses écrits.

» Les soussignés considèrent comme
devoir de donner au citoyen Duportal soit
leur nom personnel, soit au nom de leurs co
mettants, un témoignage de vive sympathi

IX.

C'est le 16 mars 1852, c'est-à-dire tr
mois et quelques jours après leur arrestati

e les détenus reçurent l'ordre de partir. Ils
rent conduits à Cette et enfermes provi-
irement au fort St-Pierre, couchant sur la
ille humide et attendant l'arrivée du pa-
ebot qui devait les transporter à Bône.
Plusieurs jours se passèrent ainsi ; on appa-
lla enfin et nos proscrits, au nombre de
uze, furent embarqués à bord de l'*Eclaireur.*
Ils se trouvèrent là en bonne compagnie,
ux cents environ, traînés eux aussi sur ces
uvelles galères de l'état, et en route pour
bagnes d'Afrique.
La police du bord était bien faite : on pou-
it à peine se permettre la moindre conver-
ion.
Nos républicains avaient été prévenus par
enseigne de vaisseau des rigueurs qui at-
daient les auteurs de la moindre infraction
a discipline.
— On vous jetterait à la mer sans pitié
ait-il dit, seulement quand je serai de quart
vous préviendrai et vous pourrez alors en
ndre à votre aise.
Et en effet, vers minuit, alors que le silence
nait dans les cabines, nos proscrits, avertis

par le brave enseigne, montaient sur le po[r]
et chantaient gaiement la *Marseillaise* au
étoiles.

La mer fut mauvaise et l'on fut obligé d[e]
relâcher à Alger. Ce n'est donc que cinq jou[r]
après après le départ de France que le conv[oi]
arriva à Bône et que les transportés furer[t]
internés à la Casbah.

X

Là encore, nouvelle police et exploits nou[-]
veaux, car il faut lutter contre le mal d[u]
pays, se défier des souricières savamment ten[-]
dues, faire bon cœur contre fortune, donne[r]
du courage à ceux qui en manquent, d[e]
l'espoir aux désespérés et oublier un peu, pou[r]
ne pas avoir l'âme triste sans cesse, qu'il y [a]
là-bas bien loin, dans la patrie absent[e], un[e]
mère qui pleure et deux petits enfants atten[-]
dant en vain les baisers du soir de leu[r]
père.

M. Duportal resta à Bône du 11 avril au 1er
août et s'y fit remarquer par une attitude de[s]
plus hostiles à l'égard du régime militair[e]
auquel les transportés étaient assujétis. Le

ommes de service qui parlaient parfois ru-
ment à ses co-religionnaires n'avaient pas
eau jeu avec lui.

Dans une revue de transportés, un gen-
arme avait saisi à la gorge un proscrit récal-
trant et menaçait de l'étrangler. Sauter sur
aggresseur, le terrasser avec forcé bourra-
es et délivrer la victime, fut pour notre re-
esseur des torts de la giberne, l'affaire d'un
stant.

Pour prix de ce dévouement gratuit, on mit
médiatement le libérateur au cachot et
e instruction fut commencée par la justice
ilitaire.

Voilà donc le conseil de guerre en perspec-
e, et peut-être même, comme conséquence,
e condamnation au dernier supplice.

En apprenant la situation fâcheuse dans
quelle se trouvait son mari, Mme Duportal
itte précipitament la France et vient sol-
iter avec ses enfants le géneral Randon
ur qu'il ne soit pas donné suite à cette af-
re.

Après de longs pourparlers, des investiga-
ns nombreuses, on décida que l'insoumis

quitterait Bône et resterait provisoireme[nt]
interné à Alger.

XI.

Cette situation nouvelle ne pouvait qu'a[p]
porter quelque soulagements à un état [de]
choses déjà fort compromis. Les joies de [la]
famille faisaient diversion, et, dans l'éducati[on]
de ses enfants, M. Duportal trouvait des co[n]
solations bien propres à lui faire oublier que[l]
quefois ses jours d'épreuves.

Mais il fallut se résigner à de nouveaux s[a]
crifices et quitter Alger pour Cherchell s[ur]
l'ordre d'un général Paté, qui avait été en ga[r]
nison à Montauban en 1851 et qui comma[n]
dait actuellement la division militaire.

XII.

A Cherchell, nos quatre épayes de la répres[s]
sion politique, n'étaient pas encore au bo[ut]
de leur peine. Ils arrivèrent dans cette aé[si]
dence perdue sur la côte africaine avec tren[te]
francs et l'unique espoir de ne recevoir [de]
l'argent de France que dans cinq semaines. [Il]
fallut vivre pendant ce temps au prix des pl[us]

es privations. On loua une maison pour le
x de dix francs par mois dans laquelle au-
e créature humaine n'était entrée depuis
s de cinq ans : l'herbe y poussait librement
'intérieur, et abritaient une infinité de ces
es incomodes qui pullulent dans la con-
.

n badigeonna les murs, on arracha les gi-
ées sauvages qui avaient pris racine sur
parois, on chassa les parasites, on coucha
la paille et tout alla pour le mieux.
'autres transportés avaient aussi trouvé
s la même résidence le triste asile de
pital. Seulement beaucoup d'ent'reux ne
vaient lutter contre l'ennui, dépéris-
ent à vue d'œil ou se mouraient de nos-
ie.
n faisait alors un trou dans la terre, et
s aucune forme on enterrait le pauvre
ndonné.
es choses changèrent après l'arrivée de l'in-
essante famille. M. Duportal visita les ma-
es, leurs donna quelques consolations, leur
la de la patrie, de la République pour la-
lle ils enduraient leurs maux. Ceux que la

mort fauchait, furent enterrés comme des citoyens, non comme des esclaves. Il reçu même de plusieurs, au moment suprême, la mission de porter à leur famille, s'il lui était jamais donné de revoir la France, leur dernière pensée.

En France, on ne se doutait guère de ce drames terribles. Il y avait quelques fêtes e l'on dansait. Le paysan vendait ses denrées le boutiquier sa marchandise, et le temple de la Bourse ouvrait ses portes aux agioteurs.

On adorait le veau d'or.

XIII.

Les fiançailles du chef de l'état furent le prétexte d'une ammistie partielle dans laquelle fut compris notre rédacteur en che qui rentra en France le 1er mars 1853.

Toute son activité se tourna alors du côté des affaires, la politique lui étant défendue Il fut tour-à-tour inspecteur en chef de la perception au canal latéral et chef du bureau commercial des chemins de fer du Midi,

Impliqué en 1857, dans une affaire de société secrète, conduit au fort du Hà, puis à

azas entre deux gendarmes où il passa 45
urs au secret, il ne fut délivré de cette ac-
sation que par une ordonnance de non-lieu.
tte mésaventure rendit sa présence impos-
le dans le personnel de la Compagnie du
emin de fer.

Les administrateurs ressentirent quelques
quiétudes de son incarcération, de ses anté-
lents politiques, et il dût donner sa démis-
n pour aller chercher à Paris des occupa-
ns plus stables et un patron moins timoré.
Une maison de banque dont il était le se-
taire général, l'envoya en Russie pour ad-
nistrer une grande exploitation métallurgi-
e avec les appointements de 30,000 fr. par

C'était le calme après la tempête, la pros-
rité après les désastres, achetés néanmoins
prix de l'expatriation et dans des condi-
ns qui nécessitaient une résolution bien
ergique et un grand courage.

Mais sur les bords de la Newa comme sur
bords de la Seine et de la Garonne la for-
e fut infidèle et l'administrateur, aban-
né par ceux-là même qui l'avaient engagé

dans cette entreprise, fut obligé de quitter Saint-Péterbourg à ses frais, en comptant dans ses aventures nombreuses une déception de plus.

XIV.

La métallurgie lui réservait encore cependant de nouvelles ressources.

Cette fois il part pour l'île de Sar laigne en qualité de directeur d'une grande exploitation de minerai de zinc.

Les conditions du pays sont déplorables; il faut lutter contre la fièvre, le choléra, manquer de nourriture, avoir affaire à une population peu sociable.

Bah! il en a vu bien d'autres !

Son œuvre à lui c'est de lutter et de souffrir.

Il façonne en peu de temps ces mineurs inconscients, les encourage, se fait aimer d'eux et change un repaire de sauvages en une petite cité industrielle.

C'est dans cette île de Sardaigne où l'ingratitude du sort l'avait jeté, qu'il apprend l'abo-

ion de l'autorisation préalable et la nou-
lle loi sur la presse. La tête dans ses mains,
songe à ses anciens combats, à sa plume
ndamnée au silence depuis dix-sept ans, à
cause qu'il a défendu autrefois et qui peut-
re réclame ses forces, et son sang, et sa vie,
il part dédaigneux du bien-être qui l'en-
ure, ne voyant devant lui que l'idée de jus-
e et de révolution.

Et depuis dix mois il est debout, inébranla-
e, dirigeant l'opinion, lui donnant une ex-
pulsion caractérisée d'accord avec les prin-
es de nos pères de la Convention, prêchant
en haut la haine du despotisme, le respect
droit et l'amour du devoir.

XV.

Répondant un jour à un capucin autori-
ire il a dit comment il fallait entendre l'em-
oi du temps pour en tirer profit.

Écoutons-le d'ailleurs parler lui-même.

« Notre existence est pénible, dites-vous,
erdez l'habitude de parler de ce que vous ne
vez pas. Jugez-en : Quand le pouvoir ne

nous met pas en prison pour faire un coup d'État, nous vivons au milieu de nos livres et de nos enfants, de beaux enfants, bien aimants, bien instruits, bien francs, bien sincères que nous avons élevé nous-même dans l'amour de l'humanité, le respect d'eux-mêmes et le désir de la République. Nous travaillons douze heures par jour, non pas à prêcher le renoncement et l'espoir en une vie meilleure ; mais l'amélioration incessante du sort commun ici sur cette terre, et le plus tôt possible. Nous n'avons pas les encouragements du clergé, que nous combattons comme un obstacle à ce bonheur, mais nous avons l'estime et les sympathies de ceux dont nous recherchons ces sentiments. Nous avons surtout l'estime de nous-même, la conscience du devoir accompli, et chaque journée s'écoule pour nous calme et sereine entre le travail et l'amour, le culte du beau et du bien dans toutes ses manifestations ; et je vous le jure, mon révérend, ni vous ni les vôtres, ni ce que vous enseignez, n'avez pas la plus petite part à ce bonheur, si grand que nous n'en souhaitons pas d'autre. Essayez-en et vous verrez. »
(*Émancipation* du 25 octobre 1868.)

XVI.

Dans sa ligne politique, il a reçu les félicitations les plus chaleureuses.

Voici comment un des maîtres de la démo-
tie lui en exprimait naguère sa gratitude.

Brighton, 18 novembre.

Mon cher confrère,

e me reproche de ne vous avoir pas encore remer-
de l'envoi de votre patriotique, courageux et, de
te façon, excellent journal.
oir la cause de la justice et de la liberté soutenue
s notre cher pays, avec tant de force et de ta-
est la plus grande consolation de mon volontaire

Salut fraternel,

Louis Blanc.

es principes démocratiques, il vient de les
rimer dans une profession de foi remar-
ble par sa netteté et son radicalisme.
e programme, le voici :
Souveraineté du Suffrage universel sur
tes las dynasties régnantes en Europe.
Liberté complète de la presse, ou tout au
ns le jury et la publicité des débats.
Liberté de réunion,
Liberté individuelle.
Suppression de l'article 72 du titre 6 de la
stitution de l'an VIII aux termes duquel
s agents du gouvernement ne peuvent
re poursuivis pour des faits relatifs à leur

« fonction, qu'en vertu d'une décision d
« conseil d'Etat. »

» Désignation des maires par le suffrag
universel direct, ou par les conseils munic
paux élus.

» Droit pour le Corps législatif de répondr
par une adresse au discours du chef de l'Eta

» Droit d'initiative pour les députés.

» Abandon du système des candidatures o
ficielles.

» Exclusion des chambellans et autres off
ciers de la couronne du Corps législatif.

» Suppression des octrois.

» Diminutions et remaniements des impôt
de façon à ce que les charges soient propor
tionnées aux fortunes.

» Instruction gratuite à tous les degrés
obligatoire au premier seulement.

» Suppression du budget des cultes et sépa
ration de l'Eglise et de l'Etat.

» Abolition des monopole.

» Organisation du crédit au travail p
l'association.

» Suppression des grands commandement
militaires.

» Suppression de la circonscription.

» Substitution de corps restreint de volon
taires aux armées permanentes et armemen
de milices nationales.

» Refus par les députés de l'opposition d
voter le budget, tant que ces réformes n'au
ront pas été obtenues.

» Refus formel d'accorder des subsides, a

as ou le chef de l'Etat engagerait le pays
ans une guerre, avant d'avoir obtenu l'as-
entiment du Corps législatif.

» Ainsi que nous le disions, ce n'est pas
'aujourd'hui que nous avons soutenu ces
lées et demandé ces réformes. Elles consti-
uent le fond même du terrain politique sur
equel l'opposition s'est placée pour ramener
e gouvernement à l'application des principes
e 89, desquels notre Constitution se récla-
ie. Si le suffrage de nos concitoyens nous
réait le devoir de les défendre autrement que
ans le journalisme, nous y apporterions la
iême ardeur et le même esprit de résolution
ui sont peut-être l'unique mérite de notre
arrière d'écrivain. »

XVII.

Que les plus dignes entre tous se présentent
 présent et qu'ils disent si l'estime, le res-
ect ne sont pas ce que commande de pareil-
es doctrines. Ce qui fait la force de cette in-
elligence d'élite, c'est sa fidélité à des con-
ictions basées sur le bonheur de tous.

Loin de lui les vaines paroles, loin de lui le
angage des courtisans.

Ce qu'il veut, c'est la créature humaine dé-
agée des charges accablantes qui l'obsèdent
t l'empêchent d'arriver à ces hauteurs sou-

veraines pour lesquelles son ésprit n'est ind
gne en aucun cas; c'est l'instruction donn
à tous, et par là, le principe du mal amoindr
terrassé presque ; ce sont les impôts diminué
les charges de l'Etat réparties d'une maniè
égale ; c'est l'union fraternelle des peuples c
mentée par l'annulation des frontières et l'e
tinction des préjugés de race, de caste et
couleur.

Celui donc qui a mis au frontispice de so
œuvre, LIBERTÉ, ÉGALITÉ, FRATERNITÉ saura
quoi qu'il advienne, soutenir les pouvoirs cor
férés par la volonté du peuple et revendique
hautement ce qu'il appelle dans sa sagesse l
consécration définitive des droits de l'hom
me.

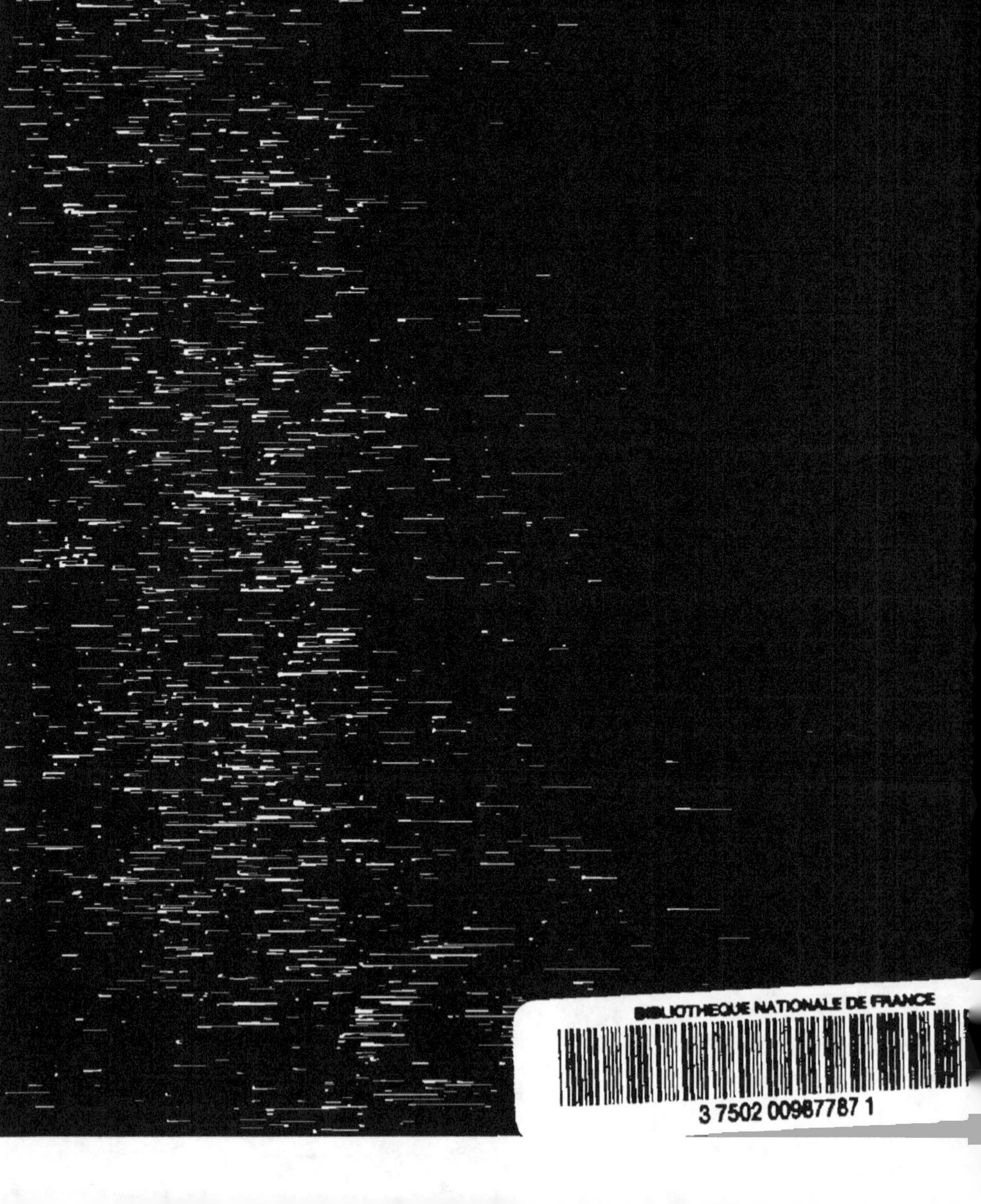